Sudokus lösen leicht gemacht

Strategien und Methoden

Alle Rechte vorbehalten

Copyright 2019 beim
Autor: Friedhelm Schutt

Herstellung und Verlag:
BOD - Books on Demand, Norderstedt

ISBN: 9783743164918

Einleitung

Wie können wir ein einfaches bis schweres Sudoku-Rätsel am einfachsten angehen und uns nach und nach der Lösung nähern?

Indem wir so viele kleine Informationen wie möglich sammeln!

Die einzelnen Methoden oder Arbeitsschritte sind manchmal geradezu primitiv, erst später verwendet man immer kompliziertere Schritte, bei denen man ein wenig um die Ecke denken muss, um sich der Lösung zu nähern.

Auf den folgenden Seiten werden Notizen innerhalb des Rätsels empfohlen, die die vielen kleinen Erkenntnisse, die wir sammeln, konservieren und für weitere Schlüsse nutzbar machen.

Auf den folgenden Seiten sieht es manchmal so aus, als würde man ganz einfach die richtigen Stellen prüfen und Erkenntnisse daraus ableiten. So ist es aber nicht. Wir müssen immer wieder die Zahlen 1 bis 9 in Zeilen, Spalten und 3x3-Blöcken durchspielen, um greifbare Kombinationen zu finden. Jede neu gefundene Zahl oder abgelegte Notiz gibt uns die Chance, neue Erkenntnisse zu finden.

Aber Achtung: ein einziger Fehler verändert die Erkenntnisse der folgenden Überlegungen und man wird irgendwann zu einem Widerspruch kommen und die Lösung des Rätsels wird unmöglich!

Regeln und Definitionen

Die Regel zu den Sudoku-Rätseln besagt, dass in jeder Zeile, in jeder Spalte und in jedem 3x3-Block jede Zahl von 1 bis 9 genau einmal vorkommen muss und darf.

Eine Zeile setzt sich aus den 9 waagerecht nebeneinander liegenden Zellen zusammen.
Eine Spalte bildet sich aus den 9 untereinander liegenden Zellen.
Eine Zelle enthält genau eine Zahl. Die Zelle kann bestimmt werden durch die Koordinaten, die sich aus Spalten- und Zeilennummer bildet. In unserem Beispiel steht ein kleines ‚x' in der Zelle (3/4) – 3 Schritte nach rechts und dann 4 Schritte nach unten.

Wie werden nun die oben erwähnten Notizen im Rätsel abgelegt und von welchen Einzelerkenntnissen ist da die Rede?

Wenn man sich einen 3x3-Block anschaut gibt es einige Positionen, an denen wir Notizen unterbringen.

Oben im 3x3-Block (x) steht, dass in den drei darunter liegenden Zellen ein bestimmter Wert auftauchen wird.

Links im 3x3-Block (a) steht, dass in den drei Zellen nach rechts ein bestimmter Wert auftauchen wird.

Der Buchstabe (z) weist darauf hin, dass in der angrenzenden Zelle links und rechts ein bestimmter Wert auftauchen wird.

Der Buchstabe (y) weist darauf hin, dass in den Zellen darüber und darunter ein bestimmter Wert auftauchen wird.
Mit den einfachen Methoden-1 und -2, die gleich erklärt werden, werden die ersten Einträge erarbeitet.

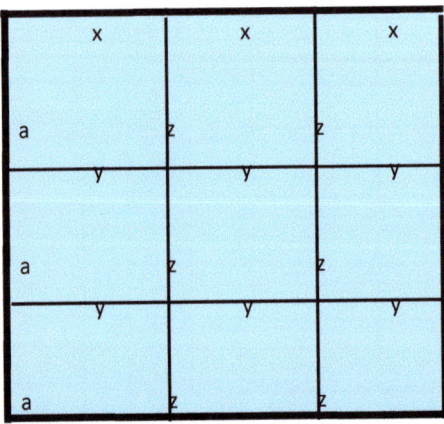

	1	2	3	4	5	6	7	8	9
1									
2		B1			B2			B3	
3									
4									
5		B4			B5			B6	
6									
7									
8		B7			B8			B9	
9									

Hier sind die farblich unterschiedlichen Blöcke 1 bis 9 durchnummeriert.
Sie werden im folgenden Text zur leichteren Verständlichkeit immer wieder genannt.

Methode 1

	1	2	3	4	5	6	7	8	9
1		6				7		9	
2		1		3		2	6 7		
3	7				6			5	

Bei der Methode 1 prüfen wir jeweils drei untereinander liegende Zeilen, also die Zeilen 1-3, 4-6 oder 7-9.

Dabei werden mit spitzem Bleistift oder Tintenkugelschreiber zusätzliche Informationen in die einzelnen Zellen eingetragen, die uns später helfen, das Rätsel komplett zu lösen. Grund dafür ist, dass man sich nicht alle gefundenen Informationen merken kann, also schreibt man sie da hin, wo sie eine klare Aussage bilden.

Nun zum ersten Schritt bei der Lösung des Rätsels: Im Kopf werden die Zahlen 1 bis 9 durchgespielt, in den Zeilen mit den Augen verfolgt und geschaut, ob sich schon eine Zahl eindeutig einer Zelle zuordnen lässt.

Man sieht, dass in den ersten drei Zeilen die Zahlen 6 und die Zahl 7 im rechten 3x3-Block in der Mitte auftauchen werden.
Da man an dieser Stelle noch keine weiteren Informationen besitzt, kann man die Zahl 6 und 7 nur klein als Erinnerungsnotiz ablegen.

Methode 2

Bei der Methode 2 prüfen wir jeweils drei nebeneinander liegende Spalten, also die Spalten 1-3, 4-6 oder 7-9.

	1	2	3
1		6	
2		1	
3	7		
4			
5			1
6			9
7	1		
8	2		
9			5

Hier erkennt man erstmalig, dass die Zahl 1 im mittleren 3x3-Block nur in zwei Zellen vorkommen kann. Allein aus diesen Informationen kann man keine weiteren Schlüsse ziehen.

Methode 3

	1	2	3	4	5	6	7	8	9
1		6				7		9	
2	5	1		3		2	6 7		
3	7				6			5	
4									
5			1						
6			9						
7	1								
8	2		5						
9									

Bei der Methode 3 geht es darum, nicht mehr nur Zeilen oder Spalten im Blick zu haben, sondern beides gleichzeitig und sogenannte Kreuzungspunkte zu finden.

Der Block-1 bekommt bezogen auf die Zahl 5 aus dem Block-3 und dem Block-7 Informationen, woraus sich ergibt, dass die 5 nur in den Zellen (1/1 und 1/2) liegen kann.

050

	1	2	3	4	5	6	7	8	9
1		6		8		7		9	
2	5	1		3		2	7		6
3	7				6			5	
4				7		4			8
5			7	5			6		
6			9	1		8		7	
7	1				8		5 7		
8	2		5		7			1	
9			7				4		3

Diese Abbildung zeigt das nun vollständig ausgefüllte Sudoku-Rätsel mit allen vorgegebenen Zahlen. Die geringe Menge an Vorgaben weist darauf hin, dass es sich um ein Rätsel der schwierigen Klasse handelt.

Die Zahl 7 in der Zelle (4/4) ergibt sich aufgrund der Methode 2 in dem zweiten Spaltenblock. Außerdem sieht man, dass die 7 in den Zellen (2/5 und 3/5) möglich wird.

Wenn man sich die Zahlen 5 und 7 in den rechten drei Spalten anschaut und die gleichen Zahlen in der 8. Zeile, dann ergeben sich nur noch die Zellen (7/7 und 7/9) als Empfängerzellen. Man weiß allerdings noch nicht, welche Zahl wo stehen wird. Siehe Block-9!
Noch toller wäre, wenn man drei Zahlen hätte, die über Kreuz genutzt werden könnten.

Wir sehen auch, dass die Zahl 6 im Block-3 in die rechten zwei Zellen gewandert ist, denn die 6 in der Zelle (7/5) besagt ja klar, dass in der Spalte 7 keine 6 mehr vorkommen darf.
Die Zellen (6/5 und 6/6) wurden mit der 8 belegt.

Die Zellen (4/1 und 4/3) in Block-2 wurden ebenfalls mit der 8 belegt.
Die Zahl 7 kann in Block-7 in den Zellen (2/9 und 3/9) erscheinen.
Die Zahl 1 kann in Block-8 in den Zellen (5/9 und 6/9) erscheinen.

060

	1	2	3	4	5	6	7	8	9
1		6		8		7	3	9	
2	5	1		3		2	7		6
3	7				6			5	
4				7		4			8
5			1,7	5			6	3	
6			9	1		8		7	
7	1				8		5,7		
8	2		5		7			1	
9			7			1	4		3

Wenn man sich Block-3 anschaut und erkennt, dass durch die 3 ganz rechts unten und die 3 in der zweiten Zeile für die 3 im rechten oberen Block nur noch die Zellen (7/1 und 7/3) in Frage kommen, wird auch klar, dass im Block-6 die 3 nur noch in den Zellen (8/4 und 8/5) möglich ist.

Aktuelles Resümee:

Bisher haben wir allerhand Erkenntnisse gewonnen, aber noch haben wir erst eine einzige Zahl für eine Zelle ermittelt. Also weiter!

Methode 4

Nun kommen wir zu einer Erkenntnis, die nicht wirklich als Methode zu bezeichnen ist, aber sich trotzdem von den ersten drei Methoden unterscheidet.

	1	2	3	4	5	6	7	8	9
1		6		8		7	3	9	
2	5	1		3		2	7		6
3	7				6			5	
4	6			7	2	4			8
5		7	1	5		8	6	3	
6		8	9	1		6		7	
7	1			2 6	8		5 7		
8	2		5	4	7	3 9		1	
9			7				4		3

Denn in Block-5 und Block-8 erscheint jetzt die Zahl 2. Im Block-5 kann die 2 nur in der Spalte 5 untergebracht werden, damit bleibt im Block-8 nur noch die Spalte 4 übrig, um die 2 aufzunehmen. Allerdings haben wir in der Spalte 1 in Zeile 8 schon eine 2 stehen – somit ist klar, dass die 2 nur noch in der 7. oder der 9. Zeile auftauchen wird.
Auch die Zahl 6 ist im Block-5 eindeutig zu positionieren. Im Block-8 ist die Spalte 4 klar als Empfänger festzulegen.

Nachdem die 6 im Block-5 feststand, blieb für die 8 nur noch die Position (6/5) und als Notiz in Zeile 4.

Methode 5

Nun kommen wir zur ersten wirklich analysierten Zahl:
In der Spalte 6 haben wir inzwischen 5 Zahlen stehen – die restlichen, fehlenden Zahlen sind 1, 3, 5 und 9.
Jetzt schauen wir uns einmal an, dass die 5 in der Zeile 3 schon existiert, außerdem in der Zeile 8. Aber auch in der Zeile 7 steht eine ermittelte 5, die noch nicht klar positioniert ist. Damit ist klar, dass die 5 nur noch in Zeile 9 stehen kann – in Zelle (6/9). Da wir aber die 1 auf dem Trennstrich stehen haben, muss diese 1 auf Position (5/9) festgeschrieben werden.
Und wenn wir uns die 1 im mittleren Spaltenbereich anschauen, ergibt sich oben nur eine Position für die 1 in Position (6/3).

Drei weitere Zahlen sind klar analysiert und untergebracht!

	1	2	3	4	5	6	7	8	9
1	5	6		8	4	7 (³1)		9	
2	9	1		3	5	2	7		6
3	7			9	6	1		5	
4	³⁴6				²³⁹7	4			8
5			¹7	5		8	6	³	
6			9	1		6		7	
7	1	⁹		²⁶	8		⁵7		
8	2		5	⁴	7	³⁹		1	
9			⁷		1	5	4		3

In Spalte 6 fehlen jetzt nur noch die Zahlen 3 und 9! Und in Spalte 4 können wir auch noch die 4 im Block-8 eingetragen.

Damit werden nun noch weitere Zahlen klar. Und zwar wieder im mittleren Spaltenbereich. Wenn die Zahl 9 unten rechts steht, kann sie im Block-5 nur in der Spalte 5 erscheinen. Daraus folgt, dass sie im Block-2 nur in der Spalte 4 stehen darf und da die Zeile 1 schon mit einer 9 besetzt ist, wird die 9 in Zelle (4/3) stehen müssen. Woraus wiederum folgt, dass eine weitere 9 in der Zelle (1/2) stehen muss.
Eine kleine 9 als Notiz in Zelle (2/7) ergibt sich außerdem.
Auch die Zahl 8 in der Zelle (4/1) bleibt logisch übrig.
Und damit bleiben nur noch die Zahlen 4 und 5 in Block-2 als Notiz einzutragen.

	1	2	3	4	5	6	7	8	9
1		6		8		3 7	9		
2	5 9	1		3	4 5	2	7		6
3	7			9	6	1		5	
4				7	2 3 9	4			8
5			1 7	5		6		3	
6			9	1		6 8		7	
7	1	9		2 6	8		5 7		
8	2		5	7	4	3 9		1	
9			7		1	5	4		3

Resümee: Plötzlich haben wir schon eine Hand voll Zahlen klar zugeordnet. Mal sehen, ob es so einfach weitergeht!

Wir wenden nun wieder die Methode 3 an:
Die 5 in der Zelle (8/3) und die 5 in der Zelle (3/8) überschneiden sich im Block-1 und lassen nur noch die Zelle (1/1) als Empfänger übrig. Allerdings hätten wir beim Eintrag der 9 in Zelle (1/2) zur gleichen Erkenntnis gelangen können, denn die 5 durfte ja nur noch in der Zelle (1/1) abgelegt werden.

Damit ist dann auch klar, wo die 5 in der Spalte 5 steht und das gleiche gilt für die 4.

	1	2	3	4	5	6	7	8	9
1	5	6		8	4	7	3	9	
2	9	1		3	5	2	7		6
3	7			9	6	1		5	
4				7	239	4			8
5			7	1	5		6	3	
6			9	1		68		7	
7	1	9		26	8		5 7		
8	2		5	4	7	39		1	
9			7		1	5	4		3

Methode 6

Wir schauen einmal nach, welche Zahlen in der ersten Zeile noch fehlen. Das sind die 1, 2 und 3. Im Block-1 steht schon eine 1. Der Block-2 ist voll besetzt. Sie kann also nur noch im Block-3 in der ersten Zeile stehen.

Das Gleiche machen wir einmal mit der Spalte 1. Hier fehlen die Zahlen 3, 4, 6 und 8. In der unteren Zeile gibt es schon die 3 und die 4. Daraus können wir schließen, dass die beiden Zahlen in Spalte 1 im Block-4 stehen müssen. Noch hilft uns diese Erkenntnis aber nicht weiter.

Diese Prüfung ist aber nicht willkürlich. Wenn man an einem Stand ist, dass in einer Zeile, einer Spalte oder einem 3x3-Block schon 5 oder 6 Zahlen stehen, sollte man die fehlenden Zahlen feststellen und prüfen, ob man diese nicht schon klar positionieren kann.

In Zeile 2 führt die Prüfung zu nichts. In Zeile 3 ebenfalls nicht.

Ab jetzt scheint es schwieriger zu werden, denn man sieht so auf Anhieb kein weiteres Ergebnis. Manchmal wird man allerdings auch betriebsblind und braucht eine Pause oder den helfenden Blick eines Partners.

Doch noch geben wir nicht auf.

Wir kommen zur Methode 7. Sie ähnelt stark der Methode 3, in der nach den Kreuzungspunkten für eine einzelne Zahl gesucht wird.

Methode 7

	1	2	3	4	5	6	7	8	9
1	5	6		8	4	7	³1	9	
2	9	1		3	5	2	7		6
3	7			9	6	1		5	
4	³⁴6	5		7	239	4			8
5		7	1	5		8	6	3	
6		8	9	1		6	5	7	
7	1	9		26	8		⁵⁷		
8	2		5	4	7	39		1	
9			7		1	5	4		3

Man nehme die 1 und die 9 aus der Zeile 6 und führe sie zum Block-6. Die 1 und die 9 liegen auch in der Spalte 8 schon vor. Daraus ergeben sich im Block-6 zwei Zellen, die später die 1 und die 9 ausfüllen werden.

Jetzt zieht man die 5 in Zelle (8/3) in den Block-6 herunter und sieht, dass sie nur in den beiden äußeren Zellen der unteren Zeile des Blocks auftauchen kann. Damit wird aber auch klar, dass in der Zelle (2/4) die 5 stehen muss.

Wir sind also wieder einen kleinen Schritt weiter.

Methode 8

Wir ziehen die 9 im Block-3 nach unten in den Block-9. Die Zahl 9 kann nur in der 2 Zeile des Blockes-9 erscheinen, weil die erste Zeile ja schon durch die Notizen für die 5 und 7 belegt sind.

Im Block-8 steht die 9 als Notiz, aber noch mit Unklarheit, wo sie später erscheinen soll. Das hat sich nun geändert. Denn die 9 kann jetzt nur oben und die 3 in der Mitte liegen.

Außerdem findet die 9 ihren Platz im 7. Block und für die Zahl 7 bleibt nur die rechte untere Ecke im Block-7. Damit ist die Position der 7 in der 2. Spalte auch klar.

Außerdem erscheint im Block-7 die 3 als Notiz in der oberen Zeile.

	1	2	3	4	5	6	7	8	9
1	5	6		8	4	7	³1	9	
2	9	1		3	5	2	⁷		⁶
3	7			9	6	1		5	
4	³⁴6	5		7	²³⁹	4			8
5		7	¹	5		8	6	³	
6		³	9	1		6	⁵	7	
7	1		³	²⁶	8	9	⁵⁷		
8	2		5	⁴	7	3	⁹	1	
9		9	7		1	5	4		3

Methode 9

Bei der Methode-9 geht es darum, zu bestimmten Zahlen zumindest die allgemeine Position zu ermitteln. Dafür müssen die Zahlen noch nicht einmal im Rätsel vorhanden sein.
Ob das Ergebnis zu einem späteren Zeitpunkt zu Nutzen und Erfolg führt ist ungewiss.
Im Block-4 kann die 8 nur unten links auftauchen.
Im Block-7 kann die 8 unten links und unten in der Mitte eingesetzt werden. Alles offen!? Nein, denn damit ist klar, dass die 8 im Block-1 nur rechts stehen kann. Und wegen der 8 in Zeile-1 kann sie nur in den beiden unteren rechten Feldern stehen.
Im Block-9 sind die Positionen für die 5 und die 7 in den beiden äußeren oberen Zellen festgelegt. Wenn man die 2 aus Block 7 nach rechts zieht, kann die 2 nur noch in Zelle (8/7 und 8/9) stehen. Leider hilft diese Notiz im Augenblick nicht weiter.

	1	2	3	4	5	6	7	8	9
1	5	6		8	4	7	³1	9	
2	9	1		3	5	2	7		6
3	7		8	9	6	1		5	
4	³⁴6	5		7	²³	4			8
5		7	1	5	9	8	6	3	
6		8	9	1		6	5	7	
7	1	3		²⁶	8	9	5 7	2	
8	2		5	4	7	3	9	1	
9		9	7		1	5	4		3

Methode 10

Leider kommen wir jetzt zu einer Methode, die ich absolut nicht mag. Denn bisher haben wir rein logisch Informationen abgeleitet und in das Rätsel eingetragen.

Aber wenn es so gar nicht mehr weitergehen will, gibt es noch die Methode des Ausprobierens.
Wie geht man vor?

Wenn in einer Zelle zwei Zahlen möglich sind, kann man sich ja für eine entscheiden und sehen, wohin die Sache führt. Sinnvoll ist allerdings, die Wahl schon einmal gedanklich durchzuspielen, so dass man zumindest weiß, dass einige weitere Zellen endgültige Werte erhalten werden.

Sobald man allerdings zu einem Widerspruch kommt, erkennt man, dass die Zahl die falsche Wahl war und man muss wieder an den alten Stand zurück.
Profis nutzen während eines Wettkampfes mehrere gefärbte Stifte oder Bleistifte, die man zur Not wieder ausradieren kann. Man muss nur noch den Ausgangspunkt wissen, denn da wird ja jetzt der Versuch mit der Alternative gestartet.
Alternativ könnte man sich eine Kopie des Rätsels herstellen und die falsch gewählte Variante wegwerfen und den anderen Weg beschreiten.

Richtig ärgerlich wird es, wenn man irgendwann wieder an so einen Punkt kommt, an dem es einfach nicht weitergehen will. Denn dann muss man sich erneut für eine von zwei Zahlen entscheiden und einen Versuch starten. Wenn es falsch läuft, geht man zum zweiten Startpunkt zurück und arbeitet sich wieder vor. Wenn es zu einem Widerspruch kommt, darf man komplett zurückgehen.

Wie schön wäre es doch, wenn man dann eine Kopie des Rätsels aus der Tasche ziehen könnte und alles, was man so an falschen Zahlen eingetragen hat, einfach vergessen könnte. Eine Alternative ist die Arbeit am Computer, wo man auf einen abgespeicherten Zwischenstand zurückgreifen kann!

	1	2	3	4	5	6	7	8	9
1	5	6		8	4	7	³1	9	
2	9	1		3	5	2	7		6
3	7		8		9	6	1	5	
4	³⁴6	5		7	²³	4			8
5		7	1	5	9	8	6	3	
6		8	9	1		6	5	7	
7	1	3		²⁶	8	9	⁵7	2	
8	2		5	4	7	3	9	1	
9		9	7		1	5	4		3

Hier ist unser aktueller Stand. Welche Zahl sollen wir denn nun einsetzen und uns dann vorarbeiten?

Nehmen wir einmal die Zahl 2 im Block-9 und setzen sie oben in Zelle (8/7) ein.

	1	2	3	4	5	6	7	8	9
1	5	6	3	8	4	7	³⁄₁₂ **1**	9	2
2	9	1	4	3	5	2	⁷ 7	8	⁶ 6
3	7	2	⁸ 8	9	6	1	3	5	4
4	³⁴⁄₆ 6	5	1	7	²³⁄₂ 2	4	9	3	8
5	3	7	¹² 2	5	⁹² 9	8	6	³ 4	1
6	4	⁸⁄₄ 8	9	1	3	6	⁵⁄₂ 2	7	5
7	1	3	⁸ 6	²⁶ 4	8	9	⁵⁄₇ 5	² 2	7
8	2	4	5	⁴⁶ 6	7	3	⁹ 8	1	9
9	8	9	7	2	1	5	4	6	3

Die Wahl war gut und richtig, denn es haben sich alle gelb hinterlegten Felder ganz logisch und sogar recht einfach nach den schon bekannten Methoden ergeben.

Damit ist das Rätsel gelöst und es sind alle vorwärts gerichteten Methoden zur Lösung eines Sudoku-Rätsels angesprochen worden.

Auf den folgenden Seiten folgt eine etwas andere Methode, bei der auf den ersten Blick mögliche Kandidaten nach logischen Gesichtspunkten gelöscht werden bis endlich nur noch eine Zahl für eine Zelle übrigbleibt.

Methode 11 (Kandidatenliste) (alternativ zu Methode 10)

Wenn man einfach nicht mehr weiterkommt, werden in jedes noch leere Feld die Zahlen eingetragen, die in der entsprechenden Zelle in Frage kommen könnten. Das sind dann die noch möglichen Kandidaten!
Bei der Ermittlung der Kandidaten sind die bereits endgültig eingetragenen Zahlen im 3x3-Block, in der Zeile und der Spalte zu berücksichtigen.

Hilfreich ist es, die Zahlen 1, 2 und 3 in den oberen Bereich der Zelle einzutragen, die Zahlen 4, 5 und 6 im mittleren Bereich und die Zahlen 7, 8 und 9 im unteren Bereich.
So ist es sehr viel einfacher in senkrechter oder Querrichtung den Überblick zu bewahren. Die Zahlen sollten mit einem weichen Bleistift geschrieben werden, damit sie leicht ausradiert (oder auch gestrichen) werden können.

Kandidatenliste 1   So könnte eine Kandidatenliste in einem 3x3-Block aussehen.

Die ganze Methode dient dazu, nach logischen Gesichtspunkten Zahlen-Kandidaten verschwinden zu lassen und am Ende alle Zellen mit einer eindeutig übrigbleibenden Ziffer zu füllen.

Dazu werden nach jeder logischen Erkenntnis im 3x3-Block, in der Zeile und in der Spalte die wegfallenden Kandidaten gelöscht. Man muss hier sehr sorgfältig vorgehen. Den Überblick zu bewahren ist nicht ganz einfach!

Aber man wird sehen, dass plötzlich in irgendeiner Zelle nur noch ein Kandidat übrigbleibt, der dann in die Zelle eingetragen werden kann. Dadurch fallen in anderen Zellen des Blocks, der Zeile oder der Spalte Kandidaten weg und es entsteht eine Kaskade, die immer mehr Zellen eindeutig einer Zahl zuweist.

Man stelle sich beispielsweise vor, dass in einem 3x3-Block in zwei Zellen ausschließlich die Ziffern 3 und 5 stehen. An dieser Stelle ist sicher, dass in keiner weiteren Zelle des Blocks die Ziffern 3 und 5 als Kandidaten vorkommen dürfen! Man könnte sie also ausradieren, falls sie doch noch vorkommen.

1 3	3	3
4		
8	5	5
2	4 5	6
	8 9	
		1 3
7	4	
	8 9	8

Und so sieht dann das Ergebnis aus. Ein paar Kandidaten sind weggefallen:

1	3	3
4		
8	5	5
2	4	6
	8 9	
		1
7	4	
	8 9	8

Man stelle sich vor, dass in einer Zeile in zwei Zellen die Ziffern 3 und 5 als einzige Kandidaten stehen. Keine weitere Zelle dieser Zeile dürfte mehr die 3 und 5 enthalten!

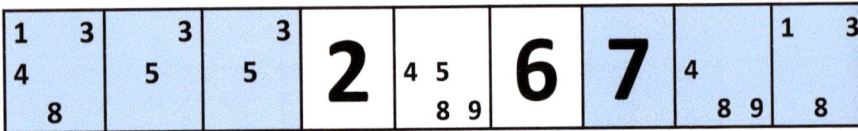

So sieht dann das Ergebnis aus: die Ziffer 3 und 5 wurde aus den anderen Zellen als Kandidat eliminiert.

Man stelle sich vor, dass in einer Spalte in zwei Zellen die 3 und 5 als einzige Kandidaten stehen. Keine weitere Zelle in dieser Spalte dürfte mehr die 3 und 5 als Kandidat enthalten.

Links steht die Ausgangssituation, rechts sind die 3 und die 5 aus den Kandidatenlisten entfernt worden.

Man stelle sich vor in einer Zeile stehen in 3 Zellen immer wieder die gleichen drei Ziffern. Dabei ist es unerheblich, ob es immer alle drei Ziffern sind oder nur zwei von den drei Ziffern.
Neben diesen Ziffern darf es keine weiteren Kandidaten in den drei Zellen geben!
Dann ist klar, dass in den drei Zellen ausschließlich diese drei Ziffern auftauchen können.
Daraus folgt, dass in anderen Zellen der Zeile diese drei Ziffern nicht auftauchen können. Sie können also aus den Kandidatenlisten der anderen Zellen dieser Zeile gelöscht werden.

1 3	2 3	2 3	2	4 5	6	7	3	3
4	5	5					4 5	5
8				8 9			8 9	

1	2 3	2 3	2	4	6	7	4	3
4	5	5						5
8				8 9			8 9	

In der zweiten, dritten und neunten Zelle gibt es ausschließlich die Ziffern 2, 3 und 5. Diese Ziffern sind aus den anderen Kandidatenlisten zu löschen.

Die gleiche Aussage gilt auch für eine Spalte oder einen 3x3-Block.

Man stelle sich vor, dass eine bestimmte Zahl in einem 3x3-Block nur einmal in der Kandidatenliste auftaucht. Obwohl noch andere Kandidaten in derselben Zelle stehen, können diese ignoriert bzw. gelöscht werden, denn die Zahl ist ja eindeutig in dem 3x3-Block. Die Zahl ist direkt in die Zelle einzutragen.
Die Zahl kann sofort in derselben Zeile und Spalte - bezogen auf die Zelle - als Kandidat gelöscht werden.

Das gleiche gilt, wenn eine Zahl in einer Zeile oder einer Spalte nur einmal auftaucht, obwohl noch weitere Kandidaten in der entsprechenden Zelle stehen.

Man stelle sich vor, man betrachtet alle Zellen eines 3x3-Blocks und sieht, dass z.B. die 3 und 5 nur in zwei Zellen vorkommen, aber es stehen auch noch andere Kandidaten in den Zellen. Man kann die anderen Kandidaten neben 3 und 5 löschen, denn auf jeden Fall werden die 3 und die 5 in den Zellen als Endergebnis auftauchen.

So sieht das Ergebnis nach der Elimination der anderen Kandidaten neben der 3 und 5 aus.

Die gleiche Vorgehensweise kann man bei der Betrachtung einer gesamten Zeile oder Spalte nutzen.

Stehen zwei Zahlen als Kandidaten in einem 3x3-Block ausschließlich in einer Zeile, so ist klar, dass diese Zahlen in einer dieser beiden Zellen stehen werden. Sie können nicht mehr anderswo (in einem anderen Block) in dieser Zeile auftauchen!

1 4 8 9	3 5 8 9	1 3 4 5 8 9
2 4 8 9		6
7 4 8 9		1 8 9

Die Zahlen 3 und 5 stehen <u>ausschließlich</u> in der ersten Zeile. Damit ist klar, dass sie hier am Ende eingetragen werden, wenn auch aktuell noch nicht klar ist, an welcher Stelle. Aber sicher ist, dass sie sonst nirgendwo in der Zeile in anderen Blöcken mehr auftauchen dürfen! Die anderen Kandidaten neben 3 und 5 können aus Übersichtsgründen entfernt werden.

Das Gleiche gilt bezogen auf eine Spalte in einem 3x3-Block!

Schlußwort

Sobald man sich die oben genannten Methoden zu eigen gemacht und einige Praxis erlangt hat, läuft im Kopf das Durchzählen von 1 bis 9 und das Anwenden aller Methoden automatisch und parallel ab. Plötzlich ist man erstaunt, dass einfache Sudokus mit vielen vorgegebenen Zahlen eher als langweilig, weil anspruchslos betrachtet werden.
Bei Wettkämpfen wird nicht nur danach gefragt, ob man ein Sudoku lösen kann, sondern auch noch, in welcher Zeit man das schafft. Wenige Minuten sind dann normal.

Hier noch ein Bonbon für Rätselfreunde:
Man bekommt 12 Kugeln. Alle sehen gleich aus. Aber eine davon ist schwerer oder leichter, das weiß man nicht. Mit einer Balkenwaage soll man in drei Wiegungen herausbekommen, welche der Kugeln sich unterscheidet und man soll sagen, ob sie leichter oder schwerer als die anderen Kugeln ist. Viel Spaß bei den Überlegungen. Ist nicht ganz einfach und man muss sich schon einige Notizen machen….